내 영혼을
사로잡은 그대에게

내 영혼을 사로잡은 그대에게

초판 1쇄 발행 2022년 11월 5일
2쇄 발행 2023년 1월 12일

지은이 박금심
펴낸이 장길수
펴낸곳 지식과감성#
출판등록 제2012-000081호

교정 한지현
디자인 김찬휘
편집 김찬휘
검수 이혜지, 윤혜성
마케팅 정연우

주소 서울시 금천구 벚꽃로298 대륭포스트타워6차 1212호
전화 070-4651-3730~4
팩스 070-4325-7006
이메일 ksbookup@naver.com
홈페이지 www.knsbookup.com

ISBN 979-11-392-0738-5(03810)
값 12,000원

지식과감성#
홈페이지 바로가기

내 영혼을 사로잡은 그대에게

박금심 시집

지식과감성#

추천의 글

참 운 좋게도 감성시를 배우고 싶어 하는 박금심 시인을 만났고, 시인의 일상이 담긴 시를 먼저 읽을 수 있는 영광까지 얻었다.

시를 읽으면서 시 속으로 직접 들어가 성공한 삶을 살아가는 시인이 되기도 했고 시인에게 사랑을 받는 사람이 되어 보면서 시를 읽는 내내 행복을 느꼈다.

그렇다. 시는 박금심 시인의 시처럼 일상을 내려놓고 편한 마음 그 자체를 아름다운 글로 적으면 된다. 시는 이 시처럼 읽어 주는 독자가 있을 때 생명력을 갖게 된다.

독자가 읽은 시가 급하게 마시는 물에 띄운 버드나무 잎처럼 바쁘게 살아가는 사람들에게 잠깐 쉬어 갈 수 있는 여유를 줄 때 시로서 역할을 했다고 말할 수 있다. 그런 면에서 시인의 시집은 성공이다.

앞으로도 성공한 삶을 살게 될 시인이 일상에서 느끼는 행복을 다른 사람들에게 나눌 수 있도록 시를 계속 적었으면 좋겠다. 그런 시인 옆에서 나 역시 박금심 시인과 함께 시를 쓰면서 우리나라 최고의 감성 시인이 될 수 있게 힘이 되어 드리겠다는 약속을 한다.

시인 윤보영

여는 글

"내 노래가 그분 마음에 들었으면!
나는 주님 안에서 기뻐하네."
(시편 104편 34절)

제 일생 중 저를 가장 빛나게 한 만남은,
하느님과의 만남입니다.
그 행복한 만남으로 부족한 한 사람이
시집을 낼 수 있는 용기를 갖게 하였습니다.

제 마음에 감성을 깨워 주는 하느님과의 대화,
나 자신, 가족, 자연, 아름다운 사람들, 감사한 일상….
이 소중한 동행은 얼마나 행복한지요.
제 영혼을 사로잡은 그대가 거기 있습니다.

제 서정이 담긴 소박한 시집을 읽고,
누군가 잠시 미소를 지으며 아름다워지는 시간이면 좋겠습니다.
저 또한 시를 쓰며, 조금씩 아름다워지기를 소망합니다.

시에 담긴 행복한 마음과 희망을
그대에게 전합니다.

2022년 봄

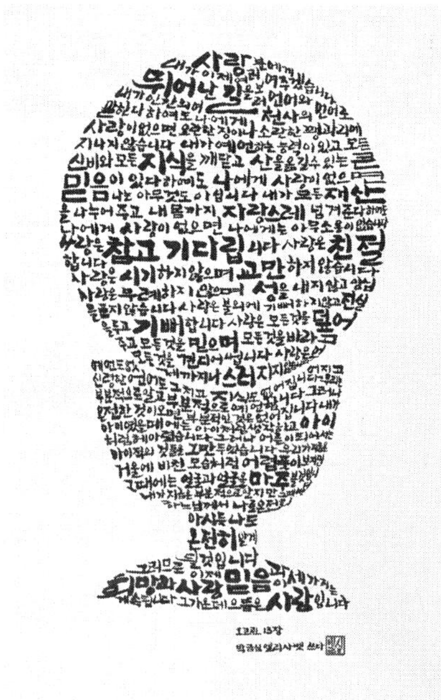
1코린. 13장
박금실 엘리사벳 쓰다

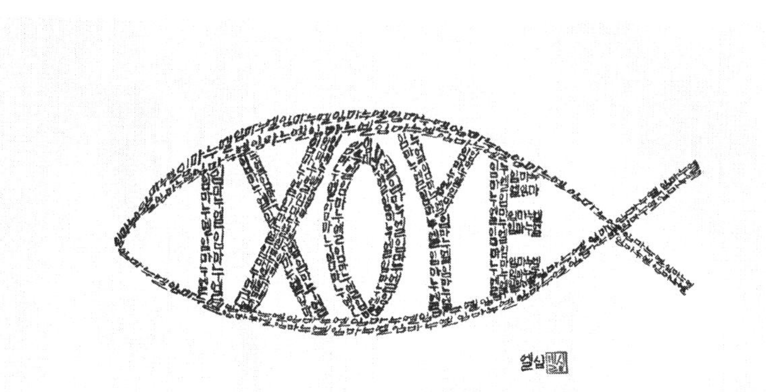
ΙΧΘΥΣ
열십

차례

4장 아름다워라

5장 행복하여라

봄이다
내안에 그대까지 있으니
이보다 더좋을수 없는

1장

그리워라

사랑

내 영혼을 사로잡은 당신은
어느 나라에서 온 꽃입니까

늘 보고 싶은 당신은
언제부터 나의 고향이 되었습니까

문밖에서 나를 기다리는 당신은
어느 누가 심어 준 사랑입니까

무지개

그대는 무지개입니다
내 마음 설레게 하는

무지개를
마음에 걸어 놓고
뛰어들고 보니
그대 가슴입니다

그리운 그대

길을 걷다
멈추어 서서
그대를 생각한다

일을 하다
멈추고
그대를 그린다

늘
나를
웃게 하는 힘!

내 그리움 가운데
그대가 있다

겨울 잔디를 보며

겨울에 잔디가 하얗다고
죽은 게 아닙니다
봄을 기다리는 중입니다

살았으니
봄이 오면
다시 파랗게 피어나겠지요
대지를
아름답게 수놓겠지요

기다림도 그렇습니다
지워지지 않고 남았으니
언젠가 만나겠지요
푸른 잔디처럼
환하게 웃을 날 있겠지요

초록

나뭇잎이
네가 좋다고
너의 이름을 달고

풀도
네가 좋아
너의 색을 담았다

친구처럼
닮고 싶어서

연인처럼
같아지고 싶어서

스카프가 그대라면

늘 목에 걸던
스카프를 잃었다가
찾아서 기쁘다

이제 기다리던 그대를
만날 것 같다

스카프가 그대라면
얼마나 좋을까!

새를 보며

가벼워야
날 수 있다지요
버려야
떠날 수 있고요

그런데
그대 보고 싶은 마음
버릴 수 없으니
그렇다고
가볍지도 않으니

어쩌면 좋지요

보고 싶은 세상

지렁이가
땅 위에 나와 말라 간다

죽기 전 한 번은
세상을
보고 싶었던 걸 거야

한 번이라도
보고 싶은 세상이
나에게도 있다

그대
지금 어디 있는지요

봄 처녀

보고 싶다
꽃이 피니 더욱

그립다
새싹이 돋아나니 자꾸

차마 볼 수가 없다
아름다운 모습에 눈이 부셔

그래서
마음에 담았다
그대 모습 달처럼 걸고
배부르게 보고 싶어서

이유

2월이 짧은 이유
봄을 빨리
맞이하고 싶어서

그대 그리움이 긴 이유
그대 가슴에 닿아
오래 만나고 싶어서

모두 이유가
있겠지요

해돋이
-아차산에서

해돋이를 보려고
새벽길을 달려왔습니다

애타게, 해가
뜨기를 기다립니다

산 위로
얼굴 드러낼 때
와!

어쩌면 좋아요
그대 닮았다고
해를 보고
연신 웃는
바보가 되었으니

해돋이 사랑

어두움 헤치고
웃으며 나타날 거야

구름 있는 날도 좋아
너를 볼 수 있다면

기다릴게
네가 올 때까지

너를 보면
웃고 마는
해돋이 사랑이지만
구름 낀 오늘은
짝사랑 중!

노을

뜨는 해가 좋으나
오래 바라볼 수 없다
혼자 좋아하는 짝사랑처럼

지는 해는
오래 바라볼 수 있어 좋다
좋아해 주면 행복하다고
웃어 주는 그대처럼

노을 피는 창가에서
곱게 물들어 가는 그리움

노을이 있고
그대도 거기 있어
평화로운 시간!

잠 못 드는 밤에

그대 생각 더 해 보라고
잠이 자리를 피했나

야위어 가는 내 얼굴
커져 가는 그대 사랑

밤마다 다가서는
그대 생각
행복이겠지
행복 맞겠지

희망의 별

하늘에
누구나 자기 별이 있다지요

나의 별도 있겠지요
늘 나를 지켜 주며
내가 바라봐 주기를 바랐을
나의 별

오늘 밤
나의 별을 찾아보며
목동이 되어 봅니다

그대라는
희망의 별!
드디어
내 가슴에서
그대를 찾아냅니다

칠월 칠석

견우와 직녀
그대들은 좋겠습니다
일 년에 한 번은 만나니까요

많이 보고 싶은데
일 년이 가고
십 년이 자꾸만 가도
보지 못하는 얼굴이 있습니다

굳이 얼굴을 보아야
만나는 것일까요
가슴에 남아
생각이 나면
그때마다 만나는 것이지요

그래도
그렇다 해도
그대들이 부럽습니다

보고 싶은 그대!
은하수에서 만날 날을 그립니다

달맞이

달을 보면 설렌다
달을 볼 때 꼭 웃게 된다

그 달이
내 안을 밝혀
그대 생각을 불러냈다

참 많이 보고 싶다

달맞이!
그대 안에 머무는 시간
행복이다

코스모스 길

조물주가 가장 먼저 만든 꽃이
코스모스라지요

그대와 처음 만나 거닐던
코스모스 길

지금도
내 마음에
코스모스가 만발합니다

올가을
우리 손잡고 그 길 걸어요

그 생각하는
지금 이대로 좋아요
그때처럼이면 더없이 좋고요

연못에 담기다

연못에
나무와 하늘이 담겨 있고
연꽃이 담겨 있어요

어쩌면 내 마음도
연못과 같아요

그대 기억이 담겨 있고
그대 웃음이 담겨 있고

그대 만날 날 기다리는
내 모습이 담겨 있어요

위량지에서

바람 없는 날
맑고 잔잔한
연못에

연못 밖
아름다운 이팝나무
물 위에도 피어 있네

연못과 꽃이
서로를
한없이 바라보다
서로에게
가슴 가득
꽃을 피워 주고 있네

그대를 보려면

눈을 감으면 보인다
보고 싶은 거
더 잘 보인다

그 안에
그리운
그대가 있다

눈을 들어
하늘을 보면
행복하다

거기
다 있다
아름다운
그대도 있다

창문

창가에서 하늘 볼 때
행복하다

창문은 길이다
그대에게로 가는

좁은 창이라도 좋다
그대를 볼 수만 있다면

맑으나
흐리나
하늘에
얼굴 그려 놓고
웃어 주는 그대!

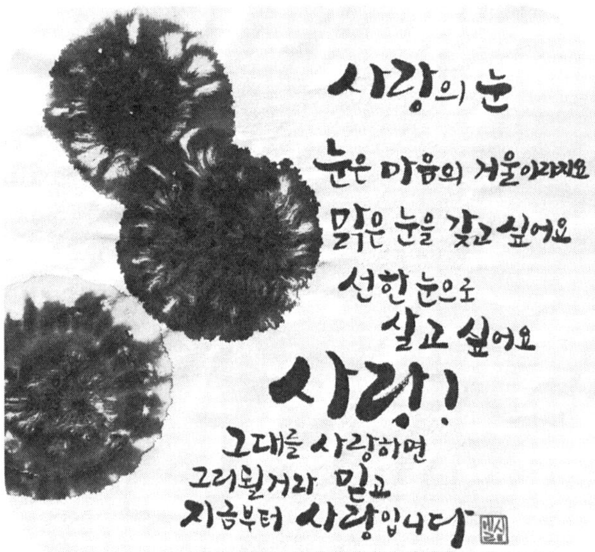
사랑의 눈
눈은 마음의 거울이라지요
맑은 눈을 갖고 싶어요
선한 눈으로
살고 싶어요
사랑!
그대를 사랑하면
그리될거라 믿고
지금부터 사랑입니다

2장

사랑이어라

멈춤

물은 흘러야 살고
생물은
움직여야 산다

그런데
나는
왜
그대에게
멈추어야 사는지?

사랑의 다리

비가 오면
건널 수 없는 돌다리 위에
멋진 한내교가* 세워졌어요

내 안에도 다리를 놓아야겠어요
기쁜 선물 들고
당신에게 달려갈 수 있는
그 다리!

*한내교: 안양천에 광명과 독산동을 잇는 다리.

사랑 온도

가을이 오니까
재채기가 멈추질 않아요
온도를 높이려고 그러겠지요
온몸에 땀이 나요

행여 그대 생각
식을까 봐
재채기를 쉼 없이 하는
가을!

거미줄을 보며

거미는
먹이를 잡으려고
거미줄을 치고

어릴 적 아버지와 나는
물고기를 잡으려고
그물을 치고

지금 천상의 아버지!
욕심을 내려놓으라며
내 슬픔에 사랑을 치시네

아버지와 귀뚜라미

귀뚜라미는 상냥하기도 하지요
아버지가 밤새워 하시는 얘기에
하나도 빠뜨리지 않고 대답해 주네요

난 어느새 깜박 졸다 깨어 보니
아버지 이야기는 이어지고
그 이야기
나 대신 고마운 귀뚜라미가
들어 주고 있네요

먼 후일
귀뚜라미 소리를 들으면
아버지가 더욱 그립겠지요
아버지의 얘기를 다시 듣겠지요

부모님의 마음을 헤아리며

육 남매 자식을 키우면서
살길이 막막한
그런 날 많으셨겠지

이 가을밤
늦게까지 핀 꽃을 보니
얼마나 반갑고 고마운지

그래!
부모님은 어디서나
자식을
사랑하고 계시지

힘을 내어 본다

부모님 웃음

만날 때 환한 웃음
헤어질 땐 반쪽 웃음

자식 손 꼭 잡고
잠드시는 엄마
자식과 밤새
이야기하고 싶으신 아버지

자식을 애달피 바라보는
부모님 뒤로 하고
돌아서는 길에
애절한 웃음이 잊혀지질 않아요

엄마!
아버지!
바로 또 갈게요
만날 때 환한 웃음이
나를 부르네요

냉장고

그대에게
맛있는 거 만들어 주고 싶어
냉장고가 가득해요

그대 향한 내 사랑도
따듯한 가슴에
일 년 내내 가득하고요

당신 덕에
보물 창고를 가진
사랑 부자!

사랑은 만드는 것

사랑은
무언가를 만드는 것

시간을 만든다
너를 만나려고

추억을 만든다
너를 담으려고

생명을 바쳐 만든다
너에게 주려고

사랑은
기쁘게 만들어
주는 것

사랑하는 그대에게

나는 그대의 희망이 되고 싶습니다
그대가 무엇이든 꿈꿀 수 있게

나는 그대의 사랑이 되고 싶습니다
그대가 무엇이든 할 수 있는

그리고
나는
그대의 행복이 되고 싶습니다
그대가 마음껏 웃을 수 있도록

내 일생이
지금까지 그래 왔듯이
앞으로도 그렇게 하고 싶습니다

당신을 사랑하니까요

짝을 만나라

아들과 여행하며
엄마에게 하는 말

삼십 대에는
꿩 대신 닭

사십 대가 되어
꿩 대신 봉황이라네

많이 웃었다

그런데
봉황 안 돼도 좋은데

자식에게

간직해 다오
너의
선한 마음
따듯한 사랑

지켜 다오
너의
건강한 몸
아름다운 영혼

엄마는 언제까지나
너의 사랑
너는 영원한
나의 사랑!

단풍이 되어

이 한 몸
당신 향한 사랑으로 타올랐으면

나의 온 존재가
당신 고운 빛으로 물들었으면

모든 세상이
당신 행복으로 번졌으면

열망

어떻게 하면 당신께 갈 수 있을까요
나비같이 가벼워지면
연기같이 피어오르면
당신께 이를 수 있을까요

언제 당신을 볼 수 있을까요
꽃처럼 어여뻐지면
눈처럼 희어지면
당신을 만날 수 있을까요

어떻게 하면 당신과
하나 될 수 있을까요
가루처럼 작아지면
물처럼 낮아지면
당신 속에 스며들 수 있을까요?

미사포

신부가 화관을 쓰듯
순백의 베일을 씁니다

임금이 왕관을 쓰듯
당신 앞에서 미사포를 씁니다

승리자가 월계관을 쓰듯
기쁨으로 마음까지 감쌉니다

미사포를 쓰는 순간
당신의 품속으로 찾아듭니다

천상의 날개
미사포!

사랑의 케이크

케이크처럼
달콤한 사랑을 담아
부드러운 말들을 담아
순백의 첫 마음을 담아

기쁜 날
사랑하는 사람에게
케이크를 선물합니다

하느님!
언젠가 당신 앞에 나갈 때
당신께 드릴 사랑의 케이크을
정성껏 바치고 싶습니다

그런 아름다운 모습을 보시고
환하게 웃을 당신께

신뢰

다니던 길로
편하게 가고 싶습니다

하지만
다른 길로 가자고 하는 당신!
까닭은 모르지만
당신이 원한다면
그 길을 가 보겠습니다

당신은 저를 사랑하니까요
저에게 가장 좋은 것을
주고 싶을 테니까요

중간에서 만나요

한 계단
두 계단
그대에게 가는 길

그대여
왜 그리 높은 곳에 있나요
그대가 내려오면 안 될까요

그래 놓고
내가 올라가고 있습니다
내가 그대보다
그대를 더 사랑하고 있는지

꽃씨를 따며

그대는 꽃을 좋아하지요
하지만 저는
꽃을 보여 드리는 대신
꽃씨를 드리겠습니다

그대가 내 안에
꽃으로 피어 있듯
나도
그대 생각 속에 싹을 틔워
꽃으로 피고 싶어서

꽃씨

꽃씨는 희망이다
꽃이 없어도
꽃을 고이 간직한 설렘

꽃씨는 기다림이다
꽃 필 날을
그려 보게 하는 그리움

꽃씨는 사랑이다
보기만 해도
웃음 짓게 하는 따듯함

그 꽃씨
마음에 심는다
그대 날 찾아오는 길에
보라고
내 안에 심는다

춘분과 추분

밤이 짧아지면 낮이 길어지고
낮이 짧아지면 밤이 길어진다

길어졌다 짧아지고
짧아졌다 길어지듯
더 적은 것도
더 많은 것도 없지 않은가

우리의 남은 날들은
짧아지고 있는데
그대 사랑만은
더 길어져야 하지 않겠는가!

한라산을 보며

내 안에
언제나 그대가 보이듯
한라산은
제주도 어디서나 보인다

한라산이
두 팔을 벌리고 있다
따듯한 그대 품처럼

걸으며

지금 걷지 않으면
내일 뛰어야 한다지요

걸을 수 있는데
무얼 걱정하나요

걸을 수 있는 기적에
감사하며

걸을 수 없는 이를 위해
기도하며

사랑하는 그대를 향해
걸어갑니다

걸을 수 있는데,
걸어가며
좋아하는 사람
생각까지 할 수 있는데
무얼 망설이나요

의자의 마음

좀 쉬었다 가렴
잠시 멈추어 보렴

널
기다리고 있어

내 안의 너처럼
네가 오길 기다리는
의자로

버림과 남김

버리지 못하는 것이 있다

버려야
웃을 수 있는 것이
내 안에도 있다
버릴수록 가벼워지고
버릴수록 기분이 좋은

가끔은
다 버리고 싶다

그러나
그대 사랑만은
간직해야겠지요

비움

세상 살면서
아쉬운 일 어디 한둘이겠습니까
그렇다고
마음 둘 일 무엇이 있겠습니까
꽃은 다시 피는데
기도할 수 있는데

지금 당신을
곁에서 사랑할 수 있는데
무엇을 더 바라겠습니까

사랑의 인사

인사는
다가감의 악수
세상 사는 지혜
사랑의 시작이다

먼저 웃어 주며
건네주는 그대의
사랑의 인사!

그 밝은 인사로 신이 난다
나도 해 봐야지

사랑과 웃음

사랑이 쉽다
그대를 웃게 하면 된다

그대가 좀처럼 웃질 않는다
사랑이 어렵다

사랑은 웃게 하는 것
사랑은 웃어 주는 것

봄날에 알리라

나뭇잎이 떨어진 자리에는
봄이 되어야 새싹이 돋아나고

바쁜 일상이 사라진 자리에는
늘 그대 생각이 피어난다

지나고 보니
모두가 사랑이다

그대만 있으면

칭찬의 힘

내가 나를 보고
못났다 할 때가 있다

그런 나를 보고
그대는 늘
애썼다
사랑한다 한다

그 힘으로 산다

사랑의 눈

눈은 마음의 거울이라지요
맑은 눈을 갖고 싶어요
선한 눈으로 살고 싶어요

사랑!
그대를 사랑하면
그리될 거라 믿고
지금부터 사랑입니다

묘비명

이 세상에서 당신을 만나
즐겁고 따듯했습니다
그리고 아름다웠습니다

힘들 때도 있었지만
견딜 만했습니다
당신 덕분에
멋지게 살았습니다

사랑하는 그대에게
남기고 싶은
한마디 말

"천국에서 만나요"

나무
세상사
말로하지말고
초록으로 뿜으라 한다
꽃으로 피우라 한다
열매를 맺으라 한다
TELSIPU

3장

소중하여라

잡초의 노래

누가 붙여 준 이름인가
잡초라고
나는 그저 풀인데

어쩌다 잡초가 되었던가
초록으로
한껏 뽐내고 싶은데

하지만
잡초인 걸 어떻게 해

꽃을 피우면
들꽃이 되듯
나에게도 사랑하는 그대가 있으니
괜찮아
괜찮다!

우산

비 오는 날
우산이 있어
걱정 없듯이

그대는
웃음을 펴 주는
나의 우산!

내 안에는
비가 내려도 좋고
비 그쳐도 좋고

그 자리

산다는 것은
어쩌면 돌아오는 것

집에 돌아오고
고향으로 돌아오고
연어가 태어난 곳으로 돌아오고
비행기가 자기 나라로 돌아오고
꽃씨가 땅으로 돌아오고

하지만
그대는
늘 그 자리
날 좋아하는
처음 그 자리

모래의 꿈

나를 밟고
오순도순 얘기하며
사랑이 깊어 갔으면

나를 보고
고와서 좋다며
웃을 수 있으면

내 곁에 누워
하늘의 별을 세며
행복하다고 말할 수 있으면

그대가
그랬으면 좋겠다

보온병

추운 날
늘 갖고 다니던
보온병을 놓고 집을 나왔다
따듯한 물이 자꾸 생각난다

맞아
그대 생각 담을
따듯한 마음은 가져왔으니
됐다
됐어
그거면 충분하다

다림질을 하며

아들이 대회에 나갈 때
입을 옷을 다림질한다
구겨진 옷이 펴지면서
내 마음도 펴진다

행복은 펴지는 것이다
얼굴이 펴지면
그 자리에 웃음꽃이 핀다

펴진 옷을 입고
대회에서 상을 타며
웃을 아들을 생각한다

집 안 가득
웃음꽃이 먼저 핀다

밀폐된 곳에서 일하는 아들에게

미안해 아들아
널 두고
나만

맑은 날
들판에서
피어오르는 뭉게구름 보며
바람을 맞이해서

푸르른 날
풀꽃 핀 강가에서
흐르는 물을 보며
나 혼자 여유로워서

하지만 아들아
내일은 너와
같이 왔으면 좋겠다는
생각을 한다

네가 행복해하는 걸
보고 싶으니까

백야(白夜)

십일 년 밤낮 일한
큰아들은 백야 풍경을 보러
여행 가고

작은아들은 하얗게
밤을 새워 일하고

엄마는 잠 못 이루어
환한 달 보며 기도하고

하느님은 밤새 그 모습
지켜보며
축복을 내려 주시네

사랑의 마음

부족하지만
부자인 것처럼
풍족하게 주고 싶다

바빠도
바쁘지 않은 것처럼
시간을 내준다

언제라도
오뚝이처럼
몸을 일으킨다

나의 사랑인
그대를 위해

웃음 휘파람

새가 휘파람을 분다
첫사랑 그대가 왔나 두리번

휘파람은 언제나 설렘
오늘 나도
웃음 휘파람으로
그대를 설레게 하고 싶다

초대

그대를 보면
얼굴에 웃음꽃

그대를 생각하면
가슴에 불꽃

꽃 가득 핀
내 곁에
당신!
놀러 오실래요?

복을 주는 그대

웃으면 복이 온다지요
어떻게
매 순간 웃을 수 있나요

하지만
생각할 때마다
날 웃게 하는 그대

복까지 가져다주는
고마운 그대!

늦게 핀 코스모스 옆에서

아직도 네가 있어 행복하다
무서리가 내리면 곧 쓰러질 텐데

지금이라도 피어 주어 고맙다
강가에서 손 흔들며 반겨 주는
네가 있어 얼마나 행복한지

강둑에 앉아 쉬고 있는 물새와
춤추는 버드나무와 얘기하면서
끄덕이며 웃어 주는 너를 보니
마음이 놓인다

사실은
나도 내 안에
코스모스가 있는데
지지 않고 있는데

기억력

무얼 깜박 잘 잊는다
가끔은
까마득히
생각이 나질 않는다

신기하게
세상 것 다 잊어도
그대는 잊지 못한다

그러면 되지
그대만 있으면 되지요

꽃가마

당신이 태워 준 꽃가마
그걸 타고 천지를 보러 가요
많은 계단을 올라 가요

나를 업고 가는 당신
힘들 텐데 고마워요
나를 안고 가는 당신
무거울 텐데 부끄러워요

나 혼자는 오르지 못하는 곳
내 힘으로는 가지 못하는 길

내 인생의
꽃가마가 되어 주신 당신!
감사해요

안내 표지판

우도에서 등대로 가는
표지판이 보이지 않아
헤매다가 제 길을 찾았습니다

같이 가던
그대가 길을 찾아 주었습니다

언제나 나에게 표지판이 되어 준
그대를
이제야 알아보게 되어 다행입니다

나의 등대!
고맙습니다

내 편

내 편이 있다는 건
얼마나 든든한 일인가

잘 못해도
부족해도
그대는 언제나 내 편!

그대가 있어
지금
나는,
꿈꾸는 대지에 서 있다

소풍 길

길을 알려 주고
지켜 주고
내 발걸음에 맞춰 주는 그대

소풍 길에
이런 동행자 있으니
무얼 더 바라겠는가!

그 동행자가
바로
당신인데

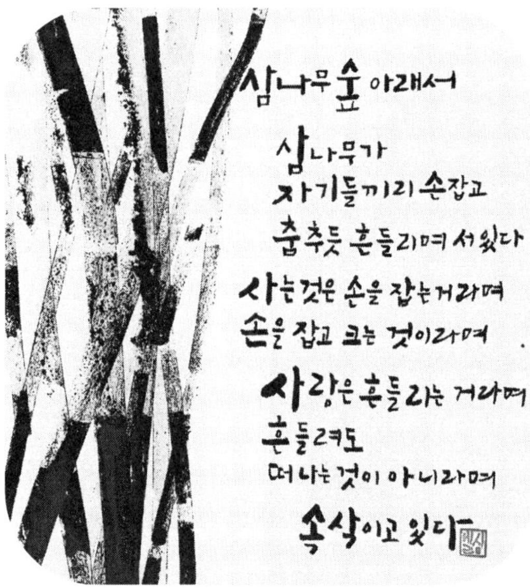
삼나무숲 아래서
삼나무가
자기들끼리 손잡고
춤추듯 흔들리며 서있다
사는것은 손을 잡는거라며
손을 잡고 크는 것이라며
사랑은 흔들리는 거라며
흔들려도
떠나는것이 아니라며
속삭이고 있다

4장

아름다워라

삼나무 숲 아래에서

삼나무가
자기들끼리 손잡고
춤추듯 흔들리며 서 있다

사는 것은 손을 잡는 거라며
손을 잡고 크는 것이라며

사랑은 흔들리는 거라며
흔들려도
떠나는 것이 아니라며

속삭이고 있다

초록 찬사

너는 말없이
한 세상 멋지게 사는구나

네 앞에 서니
부끄러운 나

세상사 말로 하지 말고
초록을 뿜으라 한다
꽃으로 피우라 한다
열매를 맺으라 한다

너는 내가
사랑하는 이를
많이 닮았구나

나비 효과

애벌레가
나비가 되어
날아오르는 순간!
난 그만 눈을 감았지요
내 가슴에 안기다니

어쩌지요?
나도 나비가 되어
기쁨 안고
그대에게 날아가고 싶으니

응원

시간을 내면
할 수 있다

마음을 더하면
잘
할 수 있다
너도 그렇다

그대가 있는데
사랑 담아 못 할 일 없다

파이팅!

화해의 악수

꽃이 예뻐 사진을 찍었어요
그랬더니
꽃이 나한테
악수하자고 하네요

꽃이
화해하고 싶은
그대였으면!

거울

거울은 연인
자꾸 보고 싶고
볼 때마다 같이 웃는

서로 좋아 똑같아지고 싶고
볼수록 아름다워지는
따라쟁이 연인!

내 안에
그 거울이 있다
그대 모습 담고
웃는 거울이 있다

다시 피는 꽃

나이 들면서
웃음마저 잃는다면
무엇으로 아름다울까요

웃는 얼굴은
젊음처럼 아름다운 것
나이 든다고 슬퍼 말고
웃음으로 피어나요

그 웃음에
꽃이 피고
새가 날아들고
부드러운 바람이 불게

웃으면
좋지요

따라 해도 되지요

장미꽃이
사랑스럽게 웃어요

날 보고 연신 웃던
그대 생각해 보라며
웃어요

따라 웃어도 되지요?

잘 웃고 싶어라

꽃을 볼 때처럼
행복하게 웃고

사진 찍을 때처럼
활짝 웃고

그대를 볼 때도
그렇게 웃고

그게
내 바람!

웃음꽃

웃을 땐
다 예쁘다

너라고 어찌 슬픔이 없으랴
너라고 어찌 아픔이 없으랴

하지만
웃을 땐
다 꽃이 된다

포기

포기란
낙오인가
비겁함인가

부끄러운 용기인가
자신의 한계를 알고
더 밝은 빛을 향한
선택의 창인가

포기하는 마음은
처절하게 고독한 것!

잘해 보려고 했는데
언젠가 웃을 날 오겠지

사랑이 있으니
더 좋을 날 있겠지

태풍 앞에서

해일 같은 태풍이
한꺼번에 밀려온다
어떻게 견뎌 낼 수 있을지
잘 피해 가야 하는데

태풍 앞에 배처럼
꼼짝 못 하게 묶어 둔 시간

목마른 아기처럼
울고 싶다
겨울바람처럼 목청껏
소리치고 싶다

힘들다고
살려 달라고

지금 나는
아무것도 할 수 없는
적막의 동굴 속에 갇혀 있다

내일의 출항을 위해
잠시!

겨울잠

동물들이
겨울잠에 들어서일까
겨울이 고요하다

나도 겨울잠을 자고 싶다
웃는 일조차 멈추고

겨울!
침묵하기에 좋은 계절

깊은 침묵 속으로 들어가
겨울잠을 자면서
그대 꿈만 꾸고 싶다

부끄러운 고백

예쁘지 않은 말을 할 때가 있습니다
그런 제가
노래하고 싶은 이유는
덧없는 생각을 지우고 싶어서입니다

누군가를 미워할 때가 있습니다
그런 제가
노래를 듣는 이유는
사랑을 간직하기 위해서입니다

혼자 부끄러울 때가 있습니다
그런 제가
노래를 좋아하는 이유는
조금 더 아름다워지고 싶기 때문입니다

저의 이 처절한 몸부림은
그대를 향한
애틋한 사랑입니다

바람의 길

저 숲길을 같이 가자고
누구에게 부탁하지 않아도 좋아
떠나고 싶을 때
나서면 되지

산천초목을 벗 삼아
혼자
가고 싶은 길을 가고 있다
언제나 그랬듯이

고독해도 좋은 길
자유로운
바람의 길!

꽃길을 걸으며

카드에 적어 준 말
“꽃길만 걸어요”
기분이 좋아집니다

그러나
살다 보면 어찌
꽃길만 걸을 수 있겠어요

하지만
내가 가는 길이
꽃길이라 생각하면 꽃길이겠지요

내 안에 그대가 있어
돌길도 꽃길이려니
하고 걷다 보면
어느새 꽃밭을 걷고 꽃이 보입니다

그대가 기다리는 정원입니다

이제부터는

편하게 하자
급하게 말고

즐겁게 하자
안 되면 말고

할 수 있는 만큼만 하자
억지로 말고

행복한 것을 하자
시간 낭비 말고

하지만
그대 사랑은
조건 없이 해야겠지요

하고 싶은 말

말을 줄이자
말을 잘하자
그랬지

아름다움이 퍼지는 말
그대가 기뻐할 말
하는 거

그게
내 소원!

버드나무

강물을 좋아한다며
물가에 서 있는 그대여

일찍 봄을 맞이하려고
강둑에서 안개 빛 그리움을 피워 내더니
늦가을까지 그 빛 놓지 않는군요

그대는 늘
연두색 치마를 입고
까르르 웃는 소녀!

매일 바람과 축제를 즐기며
우아한 춤을 추는 무녀요
작은 입김에도
손 흔들어 주는
상냥한 아가씨입니다

연약해 보이나 부러지지 않고
부드러움이 자랑이라며
바람 부는 대로 하늘거리는 그대!

내 가슴에

버드나무가 있습니다

그대 기다리는

나로 있습니다

환경미화원

당신이 지나가는 자리마다
깨끗해집니다

위험한 찻길에서
쓰레기를 치우는 고마운 손
당신 덕분에
마음까지 깨끗해지고
그 자리에 꽃이 핍니다

내가 지나가는 자리에도
꽃이 피면 좋겠습니다
누군가를 웃게 하고 싶으니까요

오름과 분화구

오름은 분화구를
품고 있다

무지개가
마을을 품고 있듯이

분화구는 물을
담고 있다

그대를
내 안에 담고 있듯이

산의 여로

산을 오를 때는 힘들지만
오르고 나니 기쁘다
그대와 함께 있는 날처럼

산은 다 좋다
그대도 아닌데
봄날처럼 좋다

봄날 만난
그대처럼 좋다

사랑은 져 주는 것

사랑은
지는 것이다

부모가 자식에게
져 주듯이
사랑을 하면
지게 된다

져 줘도
웃음이 나온다
사랑하니까
그대가 행복하길 바라는
바보 맞으니까

새날의 기도

새순이 돋듯이 희망차게
꽃처럼 아름답게 웃는
나날이 되게 해 주소서

아침 해 솟듯이 힘차게
새들이 노래하듯 즐거운
새날 되게 해 주소서

세례받던 날 첫 맹세처럼
순백의 성의(聖衣)를 입는
거룩한 날 되게 해 주소서

그렇게
그렇게
새날을 살게 해 주소서

비탈길에서 만난 무지개

오월 어느 날
숲속 비탈길에서
무릎이 불편한 나에게
팔을 내어 준 무지개

놀라며 고맙다 하니
장난스레
마음까지 주겠다네요

세상에 그처럼 멋진 팔
처음 봐요
따듯한 마음이
오월처럼 아름다워요

비탈길을 내려갈 때마다
오월 같은 그대를 만나는 걸 보니
마음까지 준 거 맞습니다

비탈길에서 팔이 되어 준
아름다운 무지개!

차 향기 그대 향기

차를 마시는
감사한 시간

차 향기
하늘로 오르고

마음 향기
그대에게 흐르네

차 향기에 취하고
그대 향기에 물드네

하루를 보낸 해에게

참 멋진 당신
오늘 하루 수고 많았어요

당신이 있어
환하고 따듯했어요
고마워요

내일이면
웃으며 다시 만날 당신!
오늘처럼 행복하게 해 주실 거죠?
사랑을 담아 주면
더 좋지요

울산 바위

나처럼 우뚝 솟은
멋있는 바위 있음
손 들어 봐
아니
나와 봐

저요
저요
매일 사랑하는 그대와 쌓은
사랑 탑!

5장

행복하여라

고삼 호수에서

호수에 청산을 비추듯
그대 모습 내 위에 비춥니다

나도 잔잔한 호수가 되어
사랑하는 그대 닮은 모습을
비추고 싶습니다
그대를 한없이 바라보면
그리되려나

아름다운 사람들과 함께한
행복한 기억들
깊은 호수 속에
고이 간직합니다

어쩌다 힘든 날에
그 웃음!
호수 위 물안개로 피우렵니다
즐거운 날엔
더욱 아름답게
피어오르겠지요

낙원(樂園)

우리 가족은 안성 향림 마을
고삼 호수에서 살고 있다

내 생애에서
가장 오랜 날을 함께한
고마운 가족

변함없이 응원해 주고
서로 행복하기를 바라는
사랑하는 마음!
이대로

볼 수 있을 때 자주 만나고
살았을 때 사랑하며
오순도순 살자꾸나

향기로운 나무들이 모여
아름다운 동산을 이루듯이

행복 선택

행복이
여기저기서 부르네요
어서 오라고

할 일들이 말하네요
저마다 중요하다고

오늘 이 순간
내가 더 행복한 걸 하고 싶어요

그대 사랑!
그래도 되겠지요

상추쌈을 먹으며

못생긴 것 감싸 주고
맛없는 것 감춰 주고
부족한 것 덮어 주는

너만 있음 행복한
초록 치마 새색시를
오늘도 내 품에 안는다

풍경과 바람

어깨 다독이며
수고했어

머리 쓰다듬으며
잘했어

손잡으며
고마워

풍경이 바람을 만나
소리 내어 웃는다

둘이 만나
같이 행복하다

가로등의 마음

해가 지면
행여 네 마음 어둡지 말라고
내가 빛을 밝혀 줄게
해 뜰 때까지

넘어지면 아프니까
밤새워 지켜 줄게

난
너의
행복한 수호천사!

행복한 달밤

바람 부는 강가에 앉아
달을 보며
노래 부른다

어둠은 바람이 데려가고
그대 사랑
마음에 남아
달처럼 커져 간다

나
그대 생각 꺼내 놓고
이처럼 행복해도 되겠지

웃음에게

어떻게 하면 너와
가까워질 수 있니?
무얼 하면 아름다운 너를
닮을 수 있겠니?

항상 너와 같이 있고 싶어
나를 떠나지 말아 다오

네가 있을 때
내가 빛난단다
네가 있을 때
내가 행복하단다

비밀

내가 있어
네가 좋다니
그러면 족하지

너를 사랑한 시간들
네 안에
내가 있어 웃게 된다니
행복하다

너로 인해
나도 그렇다는 것은
비밀!

설레임 따라

오늘
날 설레게 하는 건 무얼까
무슨 설레임으로 살까
꿈에 부푼 아침

설레임은 행복
설레임은 희망

오늘도
설레임 따라 산다
그대를 생각하며 시작한다

하루의 그림

그림을 그린다는 건
세상을 갖는 것과 같다

갖고 싶은 거
보고 싶은 걸
그리면 된다

그리기만 하면
내게로 온다
이 얼마나 행복한 일인가

오늘도
하루라는 하얀 도화지에
예쁜 그림을
그리고 있다

글씨를 쓰며

글씨를 쓰면
기분이 좋아진다
쓰는 대로
이루어질 것 같아서

좋은 글귀를 쓰면
밝아진다
나도 글처럼
아름다워질 것 같아서

조용한 시간
사랑의 밀어가 이루어지는 시간!

그대가 나에게 하는 말을 쓴다
그대에게 하고 싶은 말을 쓴다

추자도에서

바람이 많은 섬
추자도에 왔다

굴비가 맛있고
나바론* 하늘길이 멋지고
눈물의 십자가에서 보는
오메가 일출이 설레는 섬

모진이해변 몽돌이
얼굴 비비며
파도를 기다리는 섬

다시 오고 싶은 섬
추자도!

바람이 떨어지듯
그대 생각이 담길 때
그리움 받기 위해
추자도를 가슴에 담는다

*나바론: 제2차 세계 대전을 다룬 영화.
'나바론 요새'에 나오는 절벽처럼 험하다고 하여 붙여진 이름.

찾은 기쁨

아들과 여행 중에
잃었던 드론을
힘들게 찾았다
산비탈 가시덤불에서

애타게 찾던 것을
찾는다는 것이
얼마나 좋은지!

자꾸 생각이 난다
저절로 웃음이 난다

사랑도 이러하리라
저절로 생각나고
연신 웃음 나고

분화구에서

지금 나는
분화구 한가운데 있다
낮은 곳
조용한 곳에

새소리 속에
그대 속삭임 들으며
동그랗게 펼쳐진
하늘을 보고 있다

나무와 풀이 감싼
분화구에서
오름에 안겨
평화로움에 잠겨 있다

이 멀리 와서
그대 품에 안겨 있다

혼자만의 시간

혼자만의 평화로운 시간
산새여
외롭더라도
날 흔들지 말아 다오

혼자만의 자유로운 시간
잠시라도 머물고 싶다

꽃향기 날릴 때면
바람아
나와 함께
어디라도 떠나자
그대 곁이면 더 좋고

바람처럼

얽매이는 건 싫어
밀폐된 공간 답답해

바람?
그래
바람처럼 되는 거야

그리운 이가 살고 있는
별에 가 보고
아무것도 안 하고 쉴 수 있는
섬에도 가 보고
무지개도 타 보고

마음을 고향에 두고
산천초목 벗 삼아
실컷 어디든 돌아다닐 거야

바람처럼
자유로운
영혼이 될 거야

독백

하고 싶은 거
행복한 거
설레는 거
그런 거 하면서 살래

해야 하는 거
하면 좋아해 줄 거
해 주면 편안할 거
그런 건 그동안 많이 했잖아

이제
나
그래도 되겠지?

희망의 말

매 순간
감사해요

지금으로
만족해요

하는 일
다 잘될 거예요

살아 있어
행복해요

당신이 있어
고마워요

봄날 강가에서

봄빛!
하늘에서
비춰 주는 것만으로 충분한데
반사되어 강물에서도
비추어 주다니요

이 따듯함으로
봄을 부릅니다
이 눈부심으로
봄꽃을 피우겠습니다

이 봄!
날 행복하게 해 주는
그대가 주인입니다

꽃구경 찬가

꽃이
온 세상에 피어 있네

꽃이 예쁠 때
어서 꽃구경 가자
바람 불어 떨어지기 전에

꽃이 아름다울 때
내 사랑하는 이들을 부르자

꽃이
젊음처럼
인생처럼
어느새 지기 전에
실컷 보며 고운 노래 부르자

꽃이 있어
진정 아름답다고
꽃을 보게 되어
정녕 행복하다고

아름다운 만남

당신을 만나기까지
얼마나 힘들었는가

당신을 만난
최고의 선물
사랑!

하늘을 날며
아름다운 세상을
노래하네

당신을 만난 지금
나는
꿈꾸는 자유인!

수국 축제를 그리며

내가 좋아하는 봄에
아름다운 동산에 수국을 심었다

나무를 심는다는 것은
그리움을 심는 것일까
내가 심은
수국의 안부가 궁금하다

수국이 필 때
그 동산에서
수국을 같이 심던 그대를 만나
내 마음의 꽃과 함께
즐거운 축제를 열리라

그 봄날의 행복으로
오늘을 산다

〈봄〉

봄1 (좋은 봄)

어쩌면 좋으니
새싹을 보여 주다니
꽃까지 피워 주다니

그리움이라는
텃밭에서

봄2 (봄꽃)

얼마나 웃고 싶었으면
잎보다 먼저
꽃을 피우겠니

연인처럼

봄3 (따듯한 봄)

기다려 온 봄
만나니 좋다

마음까지 따듯하게
그대 생각이 담아 온
봄!

봄4 (감탄의 봄)

와
여기 좋아
어머
저기도 좋으네

야호
그대만 있으면
다 좋아

봄5 (피는 봄)

봄엔
꽃이 피고
새순이 피고

그대 생각하는
내 얼굴에도
웃음꽃이 피고

봄6 (노는 봄)

봄을 맞아
강물에 물고기가 놀 듯

내 가슴에
그대 불러내
함께 놀고 싶은
봄!

봄7 (청소의 봄)

봄을 맞아
겨울을 청소하는
꽃!

어두움 지우고
내 가슴에
그대 얼굴을 꽃으로 피우는
봄!

봄8 (흐르는 봄)

얼었던 강물이 흘러
바다에 닿고

내 마음도 흘러
그리운 이에게 닿고

봄9 (설레는 봄)

봄은 설렘
내 마음은
그대가 있어
늘 봄!

가슴에
꽃 가득 피우고
그대와 함께 보면
더 좋은 봄

봄10 (봄날)

봄이다
내 안에
그대까지 있으니

이보다 더 좋을 수 없는

봄11 (봄바람)

봄바람이 불면
전하고 싶다
그리운 이에게
담아 보내고 싶다
보고 싶다는 말
그립다는 말

봄12 (그대가 봄)

봄이 되니 따듯하고
꽃이 피어 좋아요

봄을 기다릴 필요 있나요?

그 봄
내 안에 있어요
그대가 봄이고
그대가 꽃인
봄!

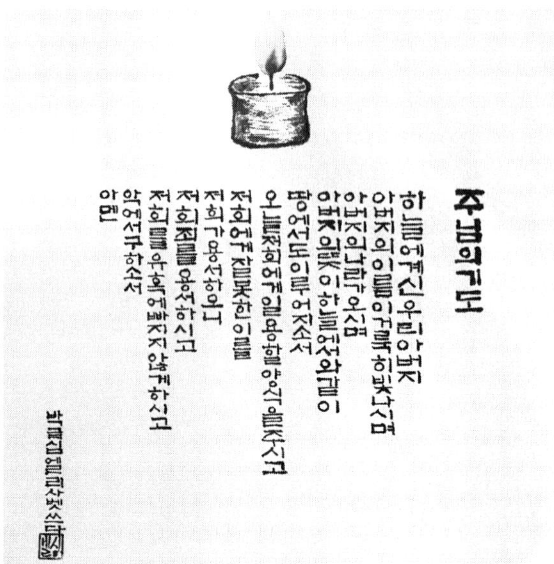
주님의 기도
하늘에 계신 우리 아버지
아버지의 이름이 거룩히 빛나시며
아버지의 나라가 오시며
아버지의 뜻이 하늘에서와 같이
땅에서도 이루어지소서
오늘 저희에게 일용할 양식을 주시고
저희에게 잘못한 이를
저희가 용서하오니
저희 죄를 용서하시고
저희를 유혹에 빠지지 않게 하시고
악에서 구하소서
아멘
박금십 엘리사벳 쓰다

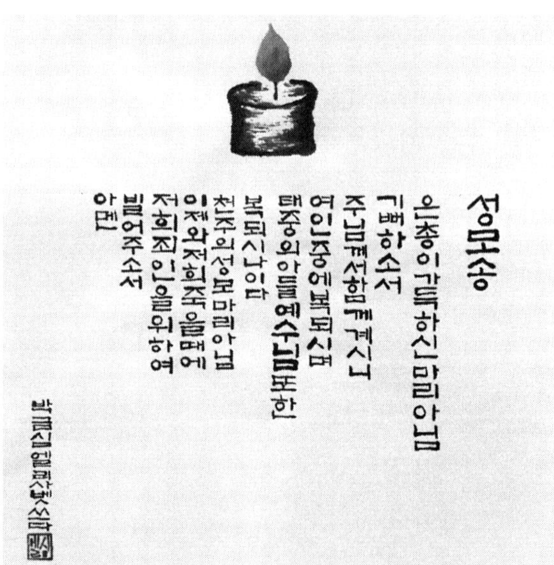
성모송
은총이 가득하신 마리아님
기뻐하소서
주님께서 함께 계시니
여인 중에 복되시며
태중의 아들 예수님 또한
복되시나이다
천주의 성모 마리아님
이제와 저희 죽을 때에
저희 죄인을 위하여
빌어주소서
아멘
박금십 엘리사벳 쓰다

감사의 인사

저를 한없이 사랑하고
행복하게 하시는
하느님께 감사드립니다

저의 시집에 큰 도움을 주신 분들을
기억하며 감사드립니다
재능기부를 해 주시는 윤보영 커피시인님
심청이 마음학교의 임정희 교장 선생님
나빛아카데미에서 캘리그라피를 가르쳐 주신 정혜선 선생님
김찬휘 편집담당자님이십니다

표지를 그려 준 이영진 친구 화가
사진을 담아 준 큰아들 김경수 요셉
가족과 은인과 피조물들
나 자신에게 감사의 인사를 보냅니다

감사의 노래

지금에
이만큼에
주어진 것에
감사!

더 이상 무엇을 바라겠는가!
지금
나는
살아 있고
그대까지 사랑할 수 있는데

2022년 가을